PREMIER LIVRE

DES

PETITS ENFANTS

OU

EXERCICES DE LECTURE

ET LEÇONS DE MORALE

à l'usage des Écoles primaires

PAR

M. DELAPALME

CONSEILLER A LA COUR DE CASSATION

Auteur du *Premier livre de l'enfance* et du *Premier livre de l'adolescence*

ÉDITION ILLUSTRÉE   INTERCALÉES

DE   DANS

NOMBREUSES VIGNETTES   LE TEXTE

PARIS

LIBRAIRIE HACHETTE ET Cie

BOULEVARD SAINT-GERMAIN, 79

X

23747

LE PREMIER LIVRE

DES

PETITS ENFANTS

Paris. — Imprimerie CUSSET et C°, rue Racine, 26.

LE PREMIER LIVRE

DES

PETITS ENFANTS

OU

EXERCICES DE LECTURE

ET LEÇONS DE MORALE

à l'usage des Écoles primaires

PAR

M. DELAPALME

CONSEILLER A LA COUR DE CASSATION

Auteur du *Premier livre de l'enfance* et du *Premier livre
de l'adolescence*

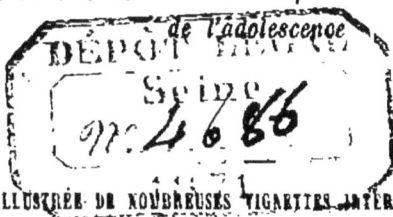

PARIS

LIBRAIRIE HACHETTE ET Cie

BOULEVARD SAINT-GERMAIN, 79

PRÉFACE.

L'histoire nous raconte qu'un grand roi se mettait à quatre pattes pour amuser ses enfants.

Je ne suis pas un grand roi, mais si quelqu'un venait à penser que je suis

1

descendu trop bas, je lui dirais :

Monsieur l'ambassadeur, avez-vous des enfants ?

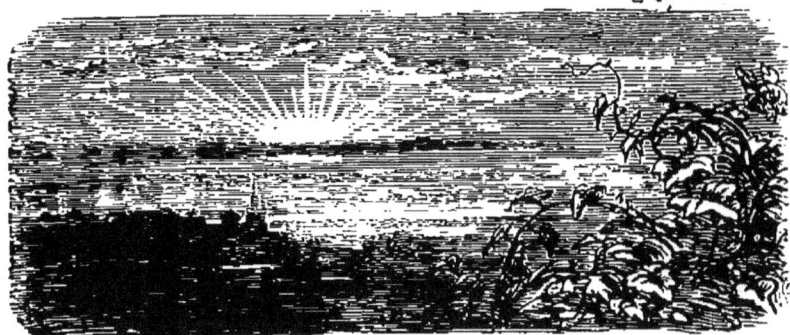

La Famille.

C'était une bonne famille que celle du père Jérôme entouré de ses enfants;

Ils s'aimaient les uns les autres : ils étaient heureux parce qu'ils s'aimaient.

Souvent, aux beaux

jours de l'été, le vieux
père s'asseyait sur son
grand fauteuil devant sa
maison,

Avec son chien fidèle
qui se couchait à ses
pieds.

Il tenait l'un de ses
enfants sur ses genoux, les
autres l'entouraient, les
regards levés vers lui, sus-
pendus à sa parole.

Il leur racontait de
belles histoires.

L'hiver, près d'un bon

feu dont la flamme bril-
lait, à la clarté de la
grande lampe,

Tous se rangeaient avec
la mère autour de la
grande table ronde, avec
des livres et de belles
images qui charmaient
leurs yeux;

Et de douces causeries
animaient la soirée.

Le vieux père leur par-
lait des beautés de la nature, et des splendeurs du

ciel, et des merveilles de la terre.

Il disait que la nature est une grande maîtresse et qu'elle nous donne de belles leçons;

Que le soleil, si régulier dans sa marche, se levant chaque jour dans la rosée, se couchant dans ses beaux nuages d'or,

Le soleil, si exact à remplir sa tâche, nous enseigne qu'il faut accomplir la nôtre;

Il disait que l'agneau qui bêle pour appeler sa mère,

Et la brebis qui, dans le grand troupeau, sait distinguer les bêlements de son petit, et qui accourt pour lui donner son lait,

Et l'araignée qui file sa toile, comme une bonne filandière, entre les rameaux d'un buisson, et qui, tapie dans un coin, attend le moucheron qui se prend dans ses filets,

Et l'abeille qui bâtit sa maison avec la cire qu'elle a recueillie dans le calice des fleurs,

Et le chien fidèle qui veille sur le troupeau, empêchant les moutons avides de dévorer les blés qui mûrissent;

Il disait que toutes ces choses nous instruisent et élèvent notre pensée,

Et pendant qu'il parlait, les enfants ouvraient

de grands yeux et ils ad-
miraient.

Les Nids des Oiseaux.

Au printemps, quand l'air est plus doux, quand les feuilles poussent aux arbres et que les prés se couvrent de fleurs,

On voit les petits oiseaux, d'un air inquiet, voler dans la campagne.

Ils vont ramassant au-

tour des granges quelques
brins de paille ou de foin;

Ils recueillent dans les
buissons des haies quel-
ques flocons de laine dé-
tachés de la toison des
brebis;

Puis ils portent ces pré-
cieux débris dans le trou
d'un vieux mur, ou dans
les branches fourchues
d'un arbre, ou parmi quelques broussailles épaisses :

Ils les arrangent avec
adresse; ils enlacent les

petits brins de paille ou de bois,

Ils les arrondissent pour en former comme un ber-ceau d'enfant;

Afin que leurs petits reposent plus mollement dans la couche qu'ils leur préparent, ils y tressent un petit matelas de laine.

Souvent, ils arrachent avec leur bec une partie du duvet de leurs plumes, afin d'en faire un lit plus doux encore.

C'est merveille de voir comme le père et la mère vont, viennent, s'agitent, se tourmentent, regardant de tous côtés, prenant des précautions pour cacher la demeure de leurs petits aux oiseaux de proie qui les dévoreraient, aux enfants méchants qui viendraient les leur ravir.

Bientôt la mère pond dans ce nid de petits œufs,

Les uns blancs, les autres tachetés, quelques-uns verts, d'autres d'un brun foncé.

Voyez comme, dès ce moment, le père et la mère sont assidus à les couver!

Ils couvrent ces œufs de leur corps, afin de les abriter sous leurs ailes, et de leur communiquer une douce chaleur.

Pendant que la mère est attachée au ménage, le pè-re vole dans la campagne;

Il recueille quelques petites graines, ou des

vermisseaux, qu'il rap-
porte dans son bec, et
qu'il donne à sa compa-
gne pour qu'elle s'en
nourrisse.

D'autres fois il va se
percher sur quelque bran-
che d'arbre, et il chante
pour la charmer par les
concerts de sa voix.

Au bout de vingt jours,
quelle merveille! les petits
vont éclore, la chaleur
maternelle les a dévelop-
pés dans l'œuf.

Eux=mêmes, avec leur faible bec, ils brisent la coquille qui les renferme, et voici qu'ils sortent de leur prison.

Ils sortent, mais combien ils sont faibles!

Ils sont nus, sans plumes; un léger duvet se montre à peine;

Ils ne peuvent se soutenir, et restent étendus dans le fond de leur nid... Que vont-ils devenir?

Dieu y a pourvu... Le

père et la mère ne les abandonneront pas.

Voyez comme ils redoublent de soins !

Chacun à leur tour, ils vont chercher la nourriture dans les champs, et en battant de l'aile, ils l'apportent à leurs petits, qui lèvent la tête en criant.

Bientôt, au duvet qui couvrait les petits succèdent des plumes légères : ils grandissent protégés par leur père et leur mère.

Puis, au bout de quelque temps, ils lèvent la tête hors du nid;

Ils admirent ce ciel immense, ces champs couverts de verdure, ces moissons où ils récolteront des graines.

Et la belle rivière, qui, suivant les détours de sa rive, roule entre ses roseaux verts et ses saules une eau limpide où ils iront s'abreuver.

Toutes ces richesses sont à eux: Dieu les leur a données.

Et un beau jour, toute la famille s'envole pour jouir de ces trésors,

Et les jeunes oiseaux célèbrent par leurs premiers chants le Créateur souverain.

Le Fagot du Vieux Michel.

La petite Émilie se promenait un jour dans le bois en traînant sa voiture;

Et dans sa voiture elle avait mis des fleurs cueillies sur sa route,

Et sa poupée couchée sur ce lit de fleurs.

Elle rencontra Michel, un pauvre vieillard, qui portait un gros fagot de bois et s'en retournait au village.

Michel était bien fatigué, car il était bien vieux et son fagot était bien lourd : il pouvait à peine le porter.

« Bon Michel, lui dit la petite Émilie, vous êtes las ; votre fagot est lourd, mettez-le dans ma voiture, je vous le porterai jusqu'à votre maison. »

Michel y consentit : il se déchargea de son fagot et le mit dans la petite voiture.

Alors Émilie le traîna courageusement jusqu'à la maison du vieillard.

Quand elle fut arrivée, le pauvre Michel la remercia,

Puis il cueillit beaucoup de roses et de lilas qu'il avait dans son jardin,

Et il en remplit la voiture de la petite fille, qui s'en alla contente.

Les Champs.

Il faisait beau temps, le soleil brillait dans le ciel, la terre était couverte de moissons et de fleurs.

On voyait les épis se balancer dans la plaine, et l'on entendait dans les fermes le chant du coq et le bruit du travail.

Le petit Émile sortit avec son père pour se promener. Il parcourut avec lui la campagne et il admirait les moissons.

Pourquoi, dit Émile, pourquoi dans les champs tous ces épis de blés qui couvrent au loin la plaine ?

LE PÈRE.

Le blé, mon fils, donne à l'homme le pain qui le nourrit.

2

ÉMILE.

Comment cela?

LE PÈRE.

Quand tous ces beaux épis ont jauni au soleil de l'été, on les récolte, on en tire, en les frappant avec le fléau, les grains dorés qu'ils renferment, puis on les écrase sous la meule du moulin, et il en sort cette poussière blanche, appelée farine, dont on fabrique le pain.

ÉMILE.

Et comment donc fait-on pousser le blé ?

LE PÈRE.

Tu as vu le laboureur à la fin de l'automne parcourir d'un pas mesuré les champs nouvellement labourés :

Sa main sème le blé ;

Les grains se gonflent dans la terre humide, et de chaque grain sort une petite herbe qui perce bientôt le sol.

Si faible que soit cette petite herbe, elle ne craint ni les froids ni les frimas.

La neige qui tombe dans l'hiver lui fait comme un grand manteau blanc qui la réchauffe et qui l'abrite.

Puis, au printemps, la petite herbe grandit, les épis paraissent, les grains se forment dans l'épi qui les protége, et ils mûrissent à la chaleur de l'été.

Un seul grain produit plusieurs épis, un seul épi contient un grand nombre de grains. Dieu a multiplié la richesse du laboureur.

Et tous ces épis multipliés donneront, à leur tour, des moissons nouvelles.

Et ainsi dans tous les temps, et Dieu a mis la vie de l'homme dans une petite graine.

2.

ÉMILE.

Comment tout cela peut-il se faire ?

LE PÈRE.

Par la volonté de Dieu, mon enfant. L'homme laboure, il ensemence, mais c'est Dieu qui fait croître le grain et qui fait grandir l'épi.

ÉMILE.

Et qui donc fait naître les fleurs ?

LE PÈRE.

C'est encore Dieu.

ÉMILE.

Et les arbres ?

LE PÈRE.

Dieu, toujours Dieu, mon fils. Il n'est pas d'homme, si habile qu'il soit, qui puisse créer seulement une feuille d'arbre, ou une petite graine,

ou l'aile d'un papillon.
Mais Dieu peut tout.

ÉMILE.

Quoi ! c'est Dieu qui a
tout fait ?

LE PÈRE.

Oui, mon ami, tout : la
fleur des champs, les ar-
bres des bois, le ciel avec
le soleil brillant et les étoiles de la nuit; le petit enfant dans son berceau,
l'homme dans sa force, le

vieillard avec ses cheveux blancs!

Dieu a tout fait, Dieu est partout, il est en toutes choses!

L'Oiseau.

Il y avait un jour une petite fille qui s'appelait Marie.

Elle habitait une maison autour de laquelle il y avait de grands arbres et des fleurs.

Quand il faisait beau temps, la petite fille allait

jouer dans la prairie, cueil-
lant des fleurs et faisant
des bouquets.

Un jour que la petite
fille était à jouer sur
l'herbe, elle aperçut au pied
d'un buisson de rosiers,
sur un petit lit de feuillage, un pauvre oiseau
qui paraissait malade.

Cet oiseau avait un plu-
mage vert, le bout de ses
ailes était jaune, et sa petite tête était noire.

Il criait d'un ton plaintif... il était si malade qu'il ne pouvait pas voler.

La petite fille en eut pitié; elle le prit, le réchauffa contre elle et le mit dans son tablier, prenant bien garde de lui faire du mal.

Puis elle courut à la maison, elle montra son petit oiseau à sa maman, et elle demanda un peu de pain pour lui donner à manger, un peu d'eau pour lui donner à boire.

Le petit oiseau avait

faim, bien faim ; il mangea
le pain que la petite fille
lui donnait, il but l'eau
qu'elle lui offrait,

Et quand il eut mangé,
il n'était plus aussi malade.

Il sauta dans la cham-
bre ; il voltigea en éten-
dant ses petites ailes.

Puis il alla se reposer
dans un petit nid que la
petite fille lui avait fait
avec de l'herbe et du coton.

Quand la petite fille
entra dans la chambre, le

petit oiseau chantait :

Il chantait d'une voix douce, et il semblait que, dans son langage, il remerciait la petite fille d'avoir été si bonne pour lui.

Il se mit à voler, et il alla se poser en volant sur l'épaule de la petite fille.

Alors elle était bien contente d'avoir soigné l'oiseau et de lui avoir donné à manger et à boire;

Mais elle ne voulait pas mettre le petit oiseau dans

une cage, car il aurait été bien malheureux de se voir dans une prison avec des barreaux de fer.

Elle ouvrit donc la fenêtre, et ayant baisé le petit oiseau, elle lui dit :

« Va, petit, vole dans la campagne,

« Va jouer avec les oiseaux et manger des graines dans les champs. »

Le petit oiseau s'envola en chantant; il alla se poser sur une branche d'arbre;

Il sautait, il étendait ses petites ailes, et becquetait les graines et les fleurs.

Puis il prit son vol et s'en alla bien loin, bien loin, comme s'il se fût envolé dans le ciel pour raconter au bon Dieu la bonté de Marie.

Rosette la petite Chienne.

Venez donc voir Rosette la petite chienne; venez la voir dans sa cabane, sur son lit de paille et de foin.

Mais n'approchez pas trop : voyez, elle qui était si bonne, la voici toute troublée et en colère.

Elle gronde et montre les dents.

C'est que Rosette a des petits qu'elle nourrit de son lait, et elle craint qu'un méchant ne leur fasse du mal.

Elle est courageuse : elle veut les défendre.

Voyez, Rosette n'a pas peur du gros chien : elle se jette sur lui et veut le mordre, et le gros chien s'enfuit, effrayé de tant de courage.

C'est que l'amour que Rosette a pour ses enfants fait qu'elle ne craint rien... Sa tendresse de mère l'a rendue forte.

Approchons doucement : je vais la caresser... elle verra bien que je ne veux pas lui faire de mal.

Regardez comme elle se couche doucement et avec précaution pour ne pas blesser ses petits... comme elle les regarde

d'un air d'affection...
comme elle les encourage
par de petits cris...

Et voyez ; les petits
gourmands se pressent
pour la teter!

Comment, ces pauvres
petits chiens qui sont nés
d'hier, ils ont déjà l'intel-
ligence de venir chercher
leur nourriture?

Comment cette petite
chienne, qui semblait ne
savoir que courir et
aboyer, a-t-elle tout d'un

coup la tendresse et les soins d'une bonne mère?

Tout cela est admirable; et quand les petits grandiront, vous verrez les nouveaux soins que Rosette aura pour sa famille.

Elle ira chercher de la nourriture pour ses petits... elle jouera avec eux, les prenant doucement dans sa gueule sans leur faire de mal.

Puis elle leur apprendra à aller chercher leurs

3.

aliments... à chasser : elle sera leur institutrice.

Qui donc a appris à Rosette à être si bonne mère?

Qui donc l'a rendue si intelligente et si brave ?

C'est Dieu qui donne à chaque animal l'instinct nécessaire pour remplir ses devoirs.

Pierre le petit Ramoneur.

Dans le pays de France qu'on nomme l'Auvergne, vivait une pauvre femme, veuve, avec un petit garçon qui n'avait encore que dix ans.

La mère était bien malheureuse : elle n'avait pour toute fortune qu'un

petit champ où crois-
saient quelques pommes
de terre.

Et l'hiver, elle man-
geait, au lieu de pain,
des châtaignes que son
fils et elle allaient ramas-
ser sous les grands arbres
des châtaigneraies.

Cependant le fils gran-
dissait et voyait avec douleur l'affliction de sa
mère.

Il lui disait : « Mère,
si vous étiez seule, vous

auriez assez pour vous du morceau de pain qu'il nous faut partager... Les légumes et les fruits de votre jardin vous suffiraient;

« C'est à cause de moi que vous souffrez et que vous êtes malheureuse ;

« Mais voici que je deviens grand :

« Je puis bien travailler comme vous m'avez dit que travaillait mon père.

« J'irai, je parcourrai les villes, ramonant les cheminées...

« Et si je gagne un peu d'argent, je vous rapporterai tout, ma bonne mère, et vous ne serez plus malheureuse. »

Il fallut bien que la mère y consentît, car elle ne pouvait plus nourrir son enfant...

Son cœur était déchiré, et le jour du départ arriva.

C'était un jour d'automne : la terre était couverte de brouillard, les feuilles tombaient des arbres.

La pauvre mère conduisit son fils jusqu'au haut de la montagne, loin du village.

Elle pleurait et priait Dieu de bénir son enfant.

Le fils s'éloigna : il pleurait aussi, mais il disait : « Ayons bon courage !

« Je vais travailler comme travaillait mon père. »

Le voici donc allant de ville en ville, sa petite figure toute noircie de la suie des cheminées, avec ses habits que le travail avait salis, et chantant pour égayer sa route.

Voici quelle était sa pauvre chanson:

Du haut en bas!
Adieu, adieu, ma bonne mère,
Toi qui me berçais dans tes bras;

Adieu, mon pays, ma chaumière !
  Du haut en bas !

  Du haut en bas !
Ne pleure pas, ma bonne mère,
Ton fils qui t'aime reviendra ;
Il reviendra dans sa chaumière.
  Du haut en bas !

  Du haut en bas !
J'ai vu bien des pays sur terre ;
J'ai vu de grands palais là-bas :
Nul n'est si beau que ma chaumière.
  Du haut en bas !

Ainsi courant, chantant, travaillant, le pauvre ramoneur remplissait sa petite bourse de l'argent qu'il gagnait.

Chaque jour il la voyait

grossir, et il la regardait avec joie, pensant que cet argent soulagerait sa mère.

Quelquefois il lui arrivait d'entrer dans de belles maisons où il traversait des salons brillants, glissant sur des parquets cirés;

Et il y avait des petites filles et des petits garçons qui riaient de son air embarrassé et de sa figure toute noire de suie.

Mais quand il chantait sa chansonnette, il

gagnait tous les cœurs,

Et on aimait ce bon petit garçon qui était venu de si loin pour soulager sa mère;

Alors chacun lui apportait de l'argent, et il se remettait à chanter:

Du haut en bas !
Je reverrai ma bonne mère !

Avant un an, en effet, sa petite bourse était pleine, et il reprit joyeusement le chemin de son pays.

Et comme il approchait, son cœur battait de joie à la vue de ses montagnes et du clocher de son village.

Bientôt il aperçut sa mère qui était venue au-devant de lui, et il se jeta dans ses bras.

La bonne mère était dans la joie, et de douces larmes coulaient de ses yeux, et elle pressait son enfant contre son cœur.

Le petit Pierre tira de sa poche sa bourse, que le

travail avait grossie... Il compta son trésor.

Jamais tant de richesse n'était entrée dans la maison. Jamais ils n'avaient eu tant d'argent.

Ils achetèrent une vache et des poules :

La petite maison avait un air de fête,

Et Pierre, par souvenir, chantait quelquefois encore :

Du haut en bas !
J'ai vu bien des pays sur terre;

J'ai vu de grands palais là-bas,
Nul n'est si beau que ma chaumière.
Du haut en bas!

Les Amis de l'Homme.

Le bon Dieu nous a donné beaucoup d'amis,
    Qui nous aiment, qui nous caressent,
    Qui vivent avec nous sous notre toit, dans la maison;
    Des amis qui nous sont fidèles et qui ne nous

abandonnent pas quand nous sommes pauvres, au contraire qui sont surtout les amis du pauvre.

« Veux-tu connaître tes amis? dit la mère à sa fille Lucie.

— Oui, maman.

— Viens donc avec moi, dit la mère, viens chez la voisine Jeannette.

« Vois : Jeannette est tout occupée... Entourée de ses petits enfants attentifs, elle fait du beurre avec le lait de sa vache,

« Et du lait de sa vache elle fera des fromages pour nourrir sa famille;

« Elle en fera de la soupe pour le déjeuner de ses enfants.

« Vois : Jeannette va traire la vache; le lait tout chaud avec sa mousse écumante coule dans le vase qui le reçoit.

« La vache est tranquille, elle donne son lait avec bonté. »

Aussi Jeannette est re-
connaissante :

Elle conduit sa vache
au pâturage, elle coupe
pour elle de l'herbe fraî-
che pour qu'elle s'en nourrisse.

Quand Jeannette entre
dans l'étable, la vache
tourne vers elle sa grande
tête, et quelquefois elle
mugit doucement pour
montrer son plaisir à voir
sa maîtresse.

Jeannette serait bien

malheureuse si elle per-
dait sa vache, car sa va-
che est comme une mère
nourrice pour elle et pour
ses enfants.

Et quand l'hiver vient,
qu'il fait grand froid, toute
la famille se réunit dans
l'étable bien fermée pour
se chauffer à la chaleur
de cette bonne vache.

Et pendant ce temps
les jeunes filles travaillent
à la lueur de la lampe.

Quand Jeannette est

occupée, qu'elle a trop de travail, c'est le petit Pierre, avec ses huit ans, qui conduit la vache à la pâture.

Il la mène le long des chemins, sur le bord de la rivière, où les herbes sont tendres et vertes.

Et la vache ne lui fait pas de mal, car elle voit bien que Pierre est son ami.

Avec ses grandes cornes cependant, elle pourrait lui faire bien du mal, et le pauvre Pierre ne pourrait se défendre.

Mais elle aime le petit Pierre, et quelquefois, de sa grande langue, elle lui lèche la main.

Ce sont deux bons amis ensemble.

Le Chagrin.

« Maman ! maman ! je
suis bien malheureuse !
j'ai bien du chagrin, dit
la petite Adèle accourant
et se jetant dans les bras
de sa mère, toute mouil-
lée de larmes et sanglo-
tant.

« Maman ! maman ! je

suis bien malheureuse!

— Qu'est-ce donc? qu'est-il arrivé? dit la mère, qui prit la petite Adèle sur ses genoux, essuya ses larmes et s'efforça de la consoler.

« Voyons, raconte-moi tes peines, mon enfant.

— Ah! maman, vous savez bien ce bel arbre du jardin qui était tout couvert de fleurs, à l'ombre duquel nous allions nous asseoir? Vous savez bien?

« Eh bien, l'orage est venu cette nuit... le vent a soufflé. Il a déraciné le bel arbre, il a brisé ses rameaux.

« Et le bel arbre est couché sur la terre avec ses rameaux dispersés par le vent... Ah! maman.

— Allons, ma fille, dit la mère, un peu de courage, console-toi.

— Ah! maman, et cette belle fleur que j'arrosais, qui avait une si douce odeur!

— Eh bien?

— Eh bien, je l'ai trouvée ce matin toute flétrie et penchée;

« Le jardinier dit qu'un vilain ver a rongé sa racine :

« Elle est morte, ma belle fleur.

« Quel chagrin, maman! j'étais si heureuse de la voir grandir et de respirer son odeur!

— Allons, ma fille, un peu de raison, nous ne pouvons toujours conserver ce que nous aimons le mieux.

— Ah! maman, maman, un malheur bien plus grand encore!

« Mon cher oiseau, qui chantait dans sa cage, qui mangeait du grain dans

ma main, qui me becque-
tait de son petit bec;

« Eh bien, ce matin il
était étendu sans mouve-
ment dans sa cage.

« Son petit corps était
froid... ses yeux fermés...

« Je n'entendrai plus
sa petite chanson, ma-
man.

« Il ne mangera plus
les petites graines dans
ma main.

— Chère enfant, dit la
mère, je comprends ton

chagrin, et je m'afflige avec toi...

« Tu as tes peines... mais, mon enfant, tout le monde a des peines;

« Nous n'avons pas toujours des jours gais et sereins :

« Le soleil ne brille pas toujours, et il y a des orages.

« Le bon Dieu nous ôte souvent ce qu'il nous a donné.

« Il t'envoie de petits

chagrins suivant la fai-
blesse de ton âge.

« Il veut t'apprendre à
en supporter un jour de
plus grands.

« Du courage, ma chère
fille !

« Console-toi avec les
caresses de ta mère, avec
sa tendresse.

« Va chercher de la
force dans les bras de ton
père.

« Console - toi, ma
fille... »

Et la petite Adèle, toute rouge et toute mouillée de larmes, essuya ses pleurs et embrassa sa mère.

F. THENARD

Geneviève.

La petite Geneviève était bonne et charitable... elle aimait à faire du bien aux pauvres.

Lorsqu'elle était à déjeuner et qu'elle voyait un malheureux qui demandait l'aumône, elle partageait avec lui le pain de son déjeuner;

Si elle voyait des petits enfants pleurant et dans l'affliction, elle demandait la cause de leur chagrin et cherchait à les soulager.

Un jour, elle aperçut la bonne Marguerite.

Marguerite était une femme du village qui avait perdu son mari;

Elle avait quatre en-

fants et travaillait pour
les faire vivre;

Mais la bonne Margue-
rite avait bien du mal à
gagner du pain pour eux
tous.

Aussi elle était bien
misérable :

Ses vêtements étaient
tout déchirés, et elle n'a-
vait qu'une mauvaise robe
et un jupon qui la cou-
vraient à peine.

Geneviève alla trouver
sa mère.

« Maman, lui dit-elle,
la pauvre Marguerite est
bien malheureuse,

« Elle n'a pas de robe,
pas de jupon; si tu veux
m'acheter de la toile, je
sais coudre, je lui cou-
drai une robe et un ju-
pon. »

La maman y consentit :
la toile fut achetée.

Et voilà Geneviève qui
travaille sans repos, du
matin jusqu'au soir, si
bien que la robe et le ju-

pon furent bientôt faits.

Alors Geneviève alla chez la pauvre Marguerite pour lui porter son cadeau.

Marguerite n'y était pas.

Geneviève entra dans la chaumière, elle posa le jupon et la robe sur une chaise, puis elle se cacha dans un coin, pour voir ce qui allait se passer.

Marguerite, étant rentrée, se mit à soigner son ménage.

« Allons, dit-elle, mes petits enfants vont venir, préparons leur déjeuner.

« Pauvres enfants! je les aime de tout mon cœur : le bon Dieu aura pitié d'eux! »

Comme elle parlait ainsi, voilà qu'elle aperçoit la robe et le jupon :

« Oh! oh! dit-elle, à qui donc cette robe et ce jupon?... Qui peut les avoir placés là? — C'est peut-être une voisine qui les y a laissés.

« J'aurais bien besoin aussi d'une robe et d'un jupon. »

La petite Geneviève ne pouvait plus se contenir.

Elle s'écria : « Bonne Marguerite, cette robe et ce jupon sont à vous.

« C'est une petite fille qui les a faits, et qui les a apportés pour vous; ainsi soyez contente. »

Puis elle embrassa Mar-

5.

guerite, et elle s'en alla,
pensant à la joie de cette
bonne femme,

Et elle sentait que dans
son cœur elle était plus
heureuse encore que Mar-
guerite.

La Neige.

C'était dans les froids de l'hiver, lorsque les ruisseaux sont arrêtés par la glace,

Qu'on n'entend plus le chant des oiseaux dans la campagne, et qu'il n'y a plus de feuilles aux arbres.

La terre était toute couverte de neige, et aussi loin que l'on portait ses regards, on n'apercevait que la plaine toute blanche, les coteaux couverts de frimas, et les arbres qui ressemblaient à des vieillards avec des cheveux blancs...

Au-dessus de toutes les petites maisons du village, on voyait s'élever la fumée du foyer, car tous les villageois étaient autour de leur feu, à réchauffer leurs is glacés, regardant par la fenêtre la campagne triste et désolée.

Michel et Christine étaient deux bons vieillards... ils avaient souffert des rigueurs de l'hiver, car ils étaient pauvres...

Leur petite maison était mal close, le vent soufflait par les ouvertures des portes et des fenêtres,

Et ils n'avaient pas toujours assez de bois pour ranimer leur feu qui s'éteignait.

Auprès d'eux étaient leurs petits-enfants, trois jeunes garçons recueillis après bien des malheurs, mais trop jeunes encore pour soulager leur misère.

Michel, l'aîné, avait dix ans; Charles, le second, en avait huit; Frédéric, le plus jeune, n'avait encore que six ans.

Cependant ces pauvres enfants, voyant que leur grand-père et leur grand'-

mère souffraient de la rigueur du froid, se dirent à eux-mêmes :

Il faut aller dans la forêt: nous ramasserons les branches tombées des arbres, nous ferons des fagots et nous les rapporterons à la maison pour ranimer le foyer qui s'éteint.

Ils partirent donc, foulant aux pieds la neige qui remplissait la route et qui cachait les sentiers dans la campagne.

Bientôt ils perdirent de vue leur maison, et s'enfoncèrent dans les détours du bois, ramassant les rameaux que le vent avait détachés de la cime des arbres.

Mais pendant qu'ils étaient ainsi occupés, ils ne s'apercevaient pas que la nuit approchait,

Et que bientôt, comme ils étaient loin, bien loin, il ne leur serait plus possible de regagner leur cabane avant la fin du jour.

Alors ils s'empressèrent de mettre leurs fagots sur leur dos et de se mettre en route pour retourner au village.

Mais la route était difficile :

La neige avait effacé le chemin; elle s'attachait à leurs pieds et rendait leurs sabots pesants.

Si bien qu'au bout de quelque temps ils furent épuisés de fatigue, et que

Frédéric, le plus jeune, ne pouvait plus marcher.

Que faire?... Ils étaient seuls. La forêt était profonde.

Ils n'apercevaient au loin aucune lumière qui leur annonçât une habitation.

Et quand ils voulaient crier, leur voix retentissait dans la solitude déserte et était répétée par l'écho des grands bois et des collines.

L'aîné essaya quelque temps de porter Frédéric sur son dos, mais le fardeau était trop lourd.

Il fallut s'arrêter, et tous trois se mirent à pleurer.

Le froid était bien vif; un vent piquant soufflait à leur visage,

Leurs mains étaient engourdies par le froid, et leurs pieds ne pouvaient plus se mouvoir,

Cependant on s'inquiétait à la chaumière de ne pas les voir revenir.

De temps en temps le père et la mère s'avançaient sur le seuil de la porte, et regardaient aussi loin que leur vue pouvait s'étendre.

Mais ils ne voyaient rien.

Souvent ils appelaient : Frédéric! Michel! Charles!

Mais aucune voix ne leur répondait,

Et ils n'entendaient que les aboiements de quelques chiens qui troublaient seuls le silence de la plaine, et le sifflement du vent à travers les feuilles desséchées.

La nuit s'avançait; leurs angoisses croissaient à chaque instant...

Enfin, comme on perdait toute espérance, quelques hommes du village partirent avec des flambeaux pour aller à la re-

cherche des pauvres enfants.

On finit par les trouver.

C'était un spectacle à faire pitié.

Ils étaient tombés, engourdis par le froid, et paraissaient comme frappés de mort.

Michel, l'aîné, n'avait pas son habit : il s'en était dépouillé pour couvrir son jeune frère, afin de le réchauffer.

Puis, ne pouvant y

réussir, il s'était couché sur le corps de ce pauvre enfant, afin de le ranimer, ou au moins de l'abriter contre le vent et la neige.

Des hommes vigoureux prirent ces pauvres enfants dans leurs bras.

On les porta à la chaumière.

On alluma un grand feu, et bientôt ils se ranimèrent.

Il n'est pas besoin de

dire avec quelle joie s'em-
brassèrent ces enfants,

Et comme ils se jetèrent
dans les bras de leurs
grands-parents.

Encore un Ami de l'Homme.

Encore un bon ami de l'homme, dit le père se promenant à la campagne avec son fils qu'il tenait par la main.

Vois les moutons qui paissent épars dans la plaine :

Le berger tranquille,

6

appuyé sur sa houlette, rêve en regardant les blés qui grandissent, s'embarrassant peu d'avoir à conduire son grand troupeau qui broute l'herbe.

Mais, pendant ce temps, son chien veille et fait bonne garde pour son maître qui se repose.

Il va, vient, contenant la troupe vagabonde; il court le long des blés qui tenteraient les gourmands, et s'élance sur

le téméraire qui se ha-
sarderait à y porter la
dent.

Et puis, sa tâche rem-
plie, tout haletant, il se
repose couché le long du
sillon;

L'oreille attentive, il
entend la voix de son
maître, il lit dans ses
yeux et devine sa pensée.

Il part prompt comme
l'éclair et bientôt il ras-
semble le troupeau, qui
revient paisiblement vers

la ferme, obéissant à son conducteur.

O le bon serviteur, et le bon ami que le chien!

Il accourt heureux près de son maître, témoignant sa joie par ses bonds et par ses aboiements.

Il se presse contre lui, et, les regards levés, il implore une caresse.

Et puis, après le travail, il va près du foyer se coucher aux pieds de son maître.

Ou bien tranquille, et posant son long museau sur les genoux du berger, il attend pour récompense une marque d'amitié.

Pendant les longues nuits, près de la cabane isolée dans les champs, dans la petite maison sur le bord du bois, c'est le chien qui veille.

Et si quelque malfaiteur s'approche, si quelque bête méchante se

6.

glisse dans la nuit, il avertit par ses aboiements, et s'élance furieux sans craindre le danger.

Il distingue l'ennemi contre lequel il gronde en grinçant les dents; il reconnaît l'ami, le flatte et va au-devant de lui.

Il lèche la main du petit enfant dans son berceau, et doucement il se couche pour que le petit Pierre s'endorme entre ses grandes pattes.

Dans ces hautes montagnes dont le sommet se couvre de glace, les chemins sont engloutis sous la neige qui tombe, et le voyageur égaré se perd dans les abîmes.

Mais, au milieu de la tempête et du vent, de braves chiens s'élancent, guidés par leur instinct, et vont où est le péril; la finesse de leur odorat leur fait retrouver la trace de l'homme perdu dans la neige, et ils avertissent par leurs aboiements.

De leurs pattes et de leur museau, ils écartent la neige dans laquelle le voyageur est enseveli.

Et le voyageur ranimé reprend courage et suit les pas de son sauveur qui, bondissant de joie, le guide et le ramène vers la demeure hospitalière où de bons religieux l'attendent.

Brave chien! il ne ressemble pas aux amis du monde;

Il ne regarde pas aux beaux habits et à l'opulence.

Il aime le pauvre dans son indigence et le suit dans son malheur, prenant avec joie la part du pain grossier que le mendiant lui donne.

Il est triste, les regards abattus, près du lit de son maître malade.

Et quand la mort vient

frapper son maître, on a vu le pauvre chien rester dans la douleur sur la terre qui le couvre,

Et, dans la longueur des nuits, pousser de longs hurlements, redemandant par ses cris celui qu'il a perdu.

La Grand'Mère.

Il y avait plaisir à voir la grand'mère au milieu de tous ses petits-enfants;

Elle avait vécu beaucoup d'années, elle était bien vieille, et l'âge l'avait courbée,

Mais elle avait dans les yeux une telle bonté,

quand elle regardait ses petits-enfants.

Il y avait sur sa figure tant de calme et de sérénité, qu'elle semblait toujours jeune par son cœur.

Les enfants aimaient beaucoup leur vieille grand'mère; ils se pressaient autour d'elle, écoutant sa parole, et les yeux levés vers elle.

Quand elle arrivait, ils couraient au-devant d'elle, lui disant bonjour et embrassant sa main,

Et puis ils approchaient un grand fauteuil pour qu'elle pût s'asseoir,

Et ils allaient chercher un tabouret pour le mettre sous ses pieds.

Et la grand'mère leur souriait, heureuse de leur tendresse.

Quelquefois, quand la grand'mère fatiguée s'endormait dans son grand fauteuil, les enfants faisaient silence et marchaient sur la pointe des pieds pour ne pas l'éveiller;

Et Virginie, qui était l'aînée, mettait son doigt sur sa bouche, disant à ses frères et sœurs : Chut! chut! et tous se taisaient.

Quand ils étaient malades, la vieille grand'-mère venait les soigner et s'asseoir près de leur lit.

Elle les avait bercés dans leur berceau; elle avait toujours à leur donner quelque bonne tisane avec du sucre ou du miel.

Quand ils pleuraient, elle les consolait;

Elle leur donnait de belles espérances, et elle faisait si bien par ses douces paroles, essuyant les larmes qui coulaient de leurs yeux, que bientôt le sourire venait se mêler au chagrin de l'enfant.

Oh! la bonne grand'-mère!

Oh! les bons petits-enfants!

Et quand la bonne grand'mère était encore plus avancée en âge, et que toute tremblante elle pouvait difficilement marcher,

Que cependant le ciel était beau et que le soleil brillait,

Alors, s'appuyant sur le bras de l'aîné de ses petits-fils, elle s'avançait lentement dans les allées de son jardin.

Puis elle s'asseyait sur

la petite voiture prépa-
rée pour ses promenades,
et les enfants joyeux s'em-
pressaient à la traîner,
attentifs à éviter les chocs
de la route.

Et pendant que les plus
âgés lui formaient ainsi
un attelage joyeux, les
plus jeunes couraient, ré-
coltant des fleurs et les
apportant sur ses genoux.

Et la grand'mère sou-
riait, elle était attendrie,
et levant les yeux au ciel,

et les bras étendus sur la tête de ses enfants,

Elle disait, dans l'effusion de son cœur :

« O mon Dieu, bénissez tous ces chers enfants qui entourent si doucement ma vieillesse, et qui sont si bons pour mes cheveux blancs! »

Grandeur du Monde.

Le soleil apparaît le matin, dans sa grandeur et dans sa majesté, jetant partout l'éclat et la lumière.

Et toute la nature se réveille et se ranime à son aspect;

Puis il monte au plus

haut de la voûte céleste,
et le soir il se penche vers
l'horizon, apparaissant
comme un grand disque
d'or dont un côté touche
le ciel et l'autre touche la
terre.

Alors la nuit vient qui
enveloppe toutes choses
dans son grand voile
noir,

Et voilà qu'une autre
merveille resplendit,

La lune, au haut du
ciel, avec son grand cor-

tége d'étoiles, comme une reine avec sa robe d'argent, dans son palais de cristal, tout éblouissant de pierreries.

Que de grandeurs qui me confondent!

Et pendant que les astres accomplissent ainsi leur mission divine, la terre dans sa richesse étale toutes ses pompes,

Et sur la terre une multitude d'hommes vont, viennent, remplis-

sant la tâche qui leur a
été donnée,

Répandus partout, sur
la montagne et dans la
vallée, au bord des fleuves
ou des mers immenses;

Habitant des palais ou
des chaumières, les uns
labourant le sol pour le
rendre fertile et lui arra-
cher ses trésors,

Les autres attentifs et,
dans les profondeurs de
l'étude, cherchant les se-
crets de la science,

Ceux-ci naviguant sur les mers lointaines, et ballottés sur les flots pour aller chercher les marchandises des contrées étrangères :

Et de toutes parts, partout où les regards se portent, l'homme prosterné devant le grand Créateur qui se révèle par ses œuvres!

Et de ville en ville, de village en village, les temples qui s'ouvrent, et les clochers des églises qui s'élèvent au loin vers le ciel, et la cloche qui sonne pour appeler à la prière,

Et les populations en-tières qui sortent de leurs demeures à ce signal; les mères conduisant leurs filles, les fils accompa-gnant leurs pères, tous allant prier Dieu,

Et tous, à genoux, se prosternant et disant dans leur cœur :

« Notre Père, qui êtes aux cieux, que votre nom soit sanctifié... »

Ainsi parlait le père; il avait fini, les enfants écoutaient encore, baissant la tête et confus dans leurs pensées.

Alors le petit Victor s'écria :

« O mon Dieu! que je suis petit dans ces immensités!

« Je suis comme une

petite fleur perdue dans le feuillage,

« Ou comme un petit oiseau caché dans une branche d'arbre.

« Est-ce que Dieu me voit dans sa grandeur?

— Dieu te voit, dit le père, car Dieu voit toutes choses.

Il voit le grand chêne de la montagne, et la fourmi qui porte à ses magasins ses provisions pour l'hiver, et le petit enfant couché dans son berceau. »

TABLE DES MATIÈRES

284. — Paris. — Imprimerie Gusset et Cᵉ, rue Racine, 26.

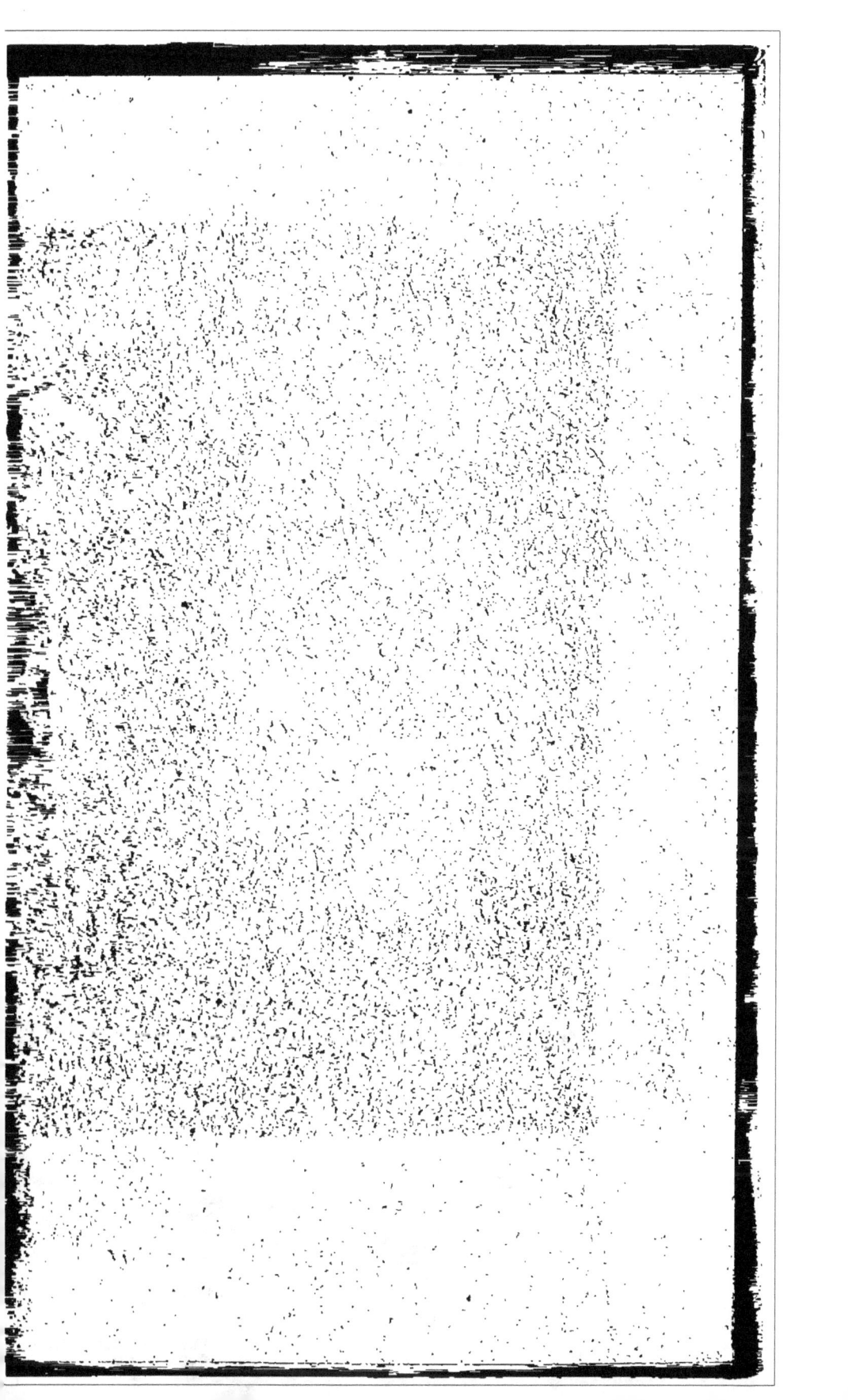

www.ingramcontent.com/pod-product-compliance
Lightning Source LLC
Chambersburg PA
CBHW052216270326
41931CB00011B/2374